스스로

급수 한자

어휘력 잡고 자격증 따고
7급Ⅱ·익힘책

스쿨존에듀
SCHOOLZONE

스스로 급수한자 익힘책 7급 II

ISBN 979-11-978668-9-0 63700

초판 1쇄 펴낸날 2023년 1월 10일

펴낸이 정혜옥 ‖ 기획 컨텐츠연구소 수(秀)
표지디자인 book design **twoesdesign.com** ‖ 내지디자인 이지숙
마케팅 최문섭 ‖ 편집 연유나, 이은정

펴낸곳 스쿨존에듀
출판등록 2021년 3월 4일 제 2021-000013호
주소 04779 서울시 성동구 뚝섬로 1나길 5(헤이그라운드) 7층
전화 02)929-8153 ‖ 팩스 02)929~8164
E-mail **goodinfobooks@naver.com**

한자공부, 왜 필요할까요?

우리말에서 한자어가 차지하는 비중, 70%. 나머지는 순우리말과 외래어로 되어 있지요. 생각보다 많다고 느낄 거예요. 우리말에 녹아 있는 한자어를 쉽고 정확하게 이해하려면 한자공부는 불가피해요. 우리말을 더욱 올바르고 풍성하게 사용하기 위한 한자공부. 〈스스로 급수한자〉로 어렵지 않게 시작할 수 있어요.

☑ 한자능력검정시험의 급수에 맞추어 한자를 학습하게끔 구성되어 있어요.

☑ 한자 하나하나 알아가고 공부하는 익힘책

　실제 시험 출제 유형과 같은 형태의 한자능력검정시험으로 꽉 채운 문제집

　한자의 3요소(모양, 소리, 뜻)를 다양한 한자어와 함께 쓰면서 다지는 따라쓰기 책

　총 3권으로 한 급수씩 완성할 수 있어요.

☑ 유치원생부터 시작할 수 있게 어린이들의 눈높이에 맞춘 예문

☑ 한자와 관련된 다양한 어휘의 반복 노출로 확실한 학습

☑ 한자의 기본인 부수를 익히고, 바르게 쓸 수 있도록 필순 제시

☑ 군더더기 없이, 지루하지 않게, 쓰기는 확실하게

'스스로 급수한자'로 단계적 학습과 어휘력, 자격증이라는 세 마리 토끼를 잡을 수 있답니다. 어휘력 만렙을 향한 우리 아이들의 도전을 응원합니다!

한자능력검정시험은?

사단법인 한국어문회에서 주관하고 한국한자능력검정회가 시행하는 한자활용능력시험을 말해요. 1992년 12월 9일 1회 시험을 시작으로 2001년 1월 1일 이후 국가 공인자격시험(3급Ⅱ~특급)으로 치러지고 있어요.
시험에 합격하면 학교 내신에 반영된답니다. 2000학년부터는 3급과 2급 합격자를 대상으로 일부 대학에서 특기자 전형 신입생을 선발하고 있어요.
시험 응시와 관련한 자세한 사항은 한국어문회 홈페이지(www.hanja.re.kr)를 참조하세요.

차례

부수를 알면 한자가 보여요

뜻으로 나누어진 한자 무리에서 뜻을 대표하는 글자를 부수라고 해요. 한자의 뜻은 부수와 관련이 있어서 이를 알면 한자를 쉽게 이해할 수 있답니다. 일반적으로 214개의 부수로 나누어 사용하고 있는데, 그 위치마다 여러 가지 이름으로 불려요.

① **변** : 글자의 왼쪽에 있는 부수

木 나무 목 변 : 校, 林

② **방** : 글자의 오른쪽에 있는 부수

阝(邑) 우부방(고을 읍 방) : 郡

③ **머리** : 글자의 위에 있는 부수

宀 갓머리(집 면) : 室, 安

④ **발** : 글자의 아래에 있는 부수

儿 어진사람 인 발(사람 인) : 先, 兄, 光

⑤ **엄** : 글자의 위와 왼쪽을 싸고 있는 부수

广 엄호(집 엄) : 度, 序

⑥ **책받침** : 글자의 왼쪽과 밑을 싸고 있는 부수

辶 갖은책받침(쉬엄쉬엄 갈 착) : 道, 過

⑦ **몸** : 글자를 에워싸고 있는 부수

口 에운담(큰 입 구) : 國, 圖

8 **제부수** : 한 글자가 그대로 부수인 것

 立, 車

길잡이가 되는 기본 부수 몇 가지

우리가 국어사전에서 단어의 첫 소리를 보고 찾는 것처럼 한자도 그 한자의 부수를 보고 사전을 찾는답니다. 같은 부수에 포함되는 글자는 기본적으로 비슷한 의미를 담고 있다고 이해할 수 있어요. 다음과 같은 예들이 있습니다.

1 口 입 구 : '입'이라는 뜻을 포함하고 있어요.

名 (이름 명) : 밤에는 입(口)으로 불러 사람을 구별하다

問 (물을 문) : 문 앞에서 입(口)으로 묻다

2 宀 집 면 : '집'이라는 뜻을 포함하고 있어요.

家 (집 가) : 돼지가 있는 집

室 (집 실) : 대문에 화살 모양의 문양이 있는 집

3 木 나무 목 : '나무'라는 뜻을 포함하고 있어요.

林 (수풀 림) : 나무가 많은 숲

植 (심을 식) : 나무를 심다

4 水 (氵) 물 수 : '물'이라는 뜻을 포함하고 있어요.

江 (강 강) : 물이 흐르는 강

海 (바다 해) : 물이 늘 많은 바다

5 言 **말씀 언** : '말'이라는 뜻을 포함하고 있어요.

話 (말씀 화) : 혀로 말을 함

記 (기록할 기) : 몸소 직접 말씀을 기록함

6 人(亻) **사람 인** : '사람'이라는 뜻을 포함하고 있어요.

休 (쉴 휴) : 사람이 나무 아래에서 쉬다

便 (편할 편) : 사람이 편하도록 바꾸다

7 一 **한 일** : '일(1)'이라는 뜻을 포함하고 있어요.

三 (석 삼) : 일이 세 개

百 (일백 백) : 일이 백 개

8 子 **아들 자** : '아들(아이)'이라는 뜻을 포함하고 있어요.

孝 (효도 효) : 늙은 부모를 업고 있는 아이

字 (글자 자) : 집에서 글자를 배우는 아이

9 土 **흙 토** : '흙'이라는 뜻을 포함하고 있어요.

場 (마당 장) : 햇살이 비치는 흙이 있는 넓은 마당

地 (땅 지) : 구불구불 이어지는 흙이 있는 땅

教	教		校	校	
가르칠 교	가르칠 교		학교 교	학교 교	
九	九		國	國	
아홉 구	아홉 구		나라 국	나라 국	
軍	軍		金	金	
군사 군	군사 군		쇠 금/성씨 김	쇠 금/성씨 김	
南	南		女	女	
남녘 남	남녘 남		여자 녀(여)	여자 녀(여)	
年	年		大	大	
해 년(연)	해 년(연)		큰 대	큰 대	
東	東		六	六	
동녘 동	동녘 동		여섯 륙(육)	여섯 륙(육)	
萬	萬		母	母	
일만 만	일만 만		어머니 모	어머니 모	
木	木		門	門	
나무 목	나무 목		문 문	문 문	

民			白		
백성 민			흰 백		
父			北		
아버지 부			북녘 북		
四			山		
넉 사			메/산 산		
三			生		
석 삼			날 생		
西			先		
서녘 서			먼저 선		
小			水		
작을 소			물 수		
室			十		
집 실			열 십		
五			王		
다섯 오			임금 왕		
外			月		
바깥 외			달 월		

二			人		
두 이	두 이		사람 인	사람 인	
一			日		
한 일	한 일		날 일	날 일	
長			弟		
긴 장	긴 장		아우 제	아우 제	
中			靑		
가운데 중	가운데 중		푸를 청	푸를 청	
寸			七		
마디 촌	마디 촌		일곱 칠	일곱 칠	
土			八		
흙 토	흙 토		여덟 팔	여덟 팔	
學			韓		
배울 학	배울 학		한국/나라 한	한국/나라 한	
兄			火		
형 형	형 형		불 화	불 화	

姓

*부수 女

총 8획 ㄑ ㄈ ㄠ ㄠ 女 女 姓 姓

姓	姓				
성 성	성 성				

시험지 윗부분에는 ☐ 名 을 쓰는 칸이 있어요. (名 : 이름 명)

왕은 百 ☐ 을 아끼고 위해야 한대요. (百 : 일백 백)

名

*부수 口

총 6획 ノ ク タ タ 名 名

名	名				
이름 명	이름 명				

☐ 色 이 선비인 그는 차마 욕을 할 수는 없었어요. (色 : 빛 색)

이모는 우리 동네에서 패셔니스타로 有 ☐ 해요. (有 : 있을 유)

1 다음 글의 □ 안에 있는 한자의 음(읽는 소리)을 쓰세요.

❶ 학원 버스에는 20 **名** 만 탈 수 있어요.

❷ 내 친구 중에는 **姓** 명이 두 자인 친구도 있어요.

❸ 한라산은 세계적으로도 알려진 **名** 산입니다.

2 다음 밑줄 친 말에 해당하는 한자를 〈보기〉에서 찾아 그 번호를 쓰세요.

보기   ① 姓   ② 女   ③ 名   ④ 夕

❶ 나는 우리반 친구들의 이름을 모두 외웠어요.

❷ 우리나라에서 가장 많은 성씨는 김씨입니다.

3 다음 한자의 진하게 표시한 획은 몇 번째 쓰는지 〈보기〉에서 찾아 그 번호를 쓰세요.

名

보기   ① 세 번째   ② 네 번째   ③ 다섯 번째

4 다시 한번 써 보세요.

姓		
성 성		

名		
이름 명		

男

*부수 田

총 7획 ㇐ ㇆ ㄇ 日 田 甲 男

男	男				
사내 남	사내 남				

오빠와 나는 사이좋은 ☐ 妹입니다. (妹 : 손아랫누이 매)

할머니는 長 ☐ 인 아빠에게 모든 것을 상의하십니다. (長 : 긴 장)

子

*부수 子

총 3획 ㇇ 了 子

子	子				
아들 자	아들 자				

나는 孝 ☐ 가 될 거예요. (孝 : 효도 효)

어제는 ☐ 正이 되어서야 잠이 들었어요. (正 : 바를 정)

1 다음 글의 □ 안에 있는 한자의 음(읽는 소리)을 쓰세요.

❶ 우리 반은 여학생보다 **男** 학생이 더 많아요.

❷ **子** 식이 다칠까봐 걱정하는 게 부모래요.

❸ 엄마는 나를 '왕 **子** 님~'이라고 불러요.

2 다음 밑줄 친 말에 해당하는 한자를 〈보기〉에서 찾아 그 번호를 쓰세요.

보기   ① 子   ② 夫   ③ 女   ④ 男

❶ 아버지는 <u>아들</u>과 함께 운동하는 시간이 참 좋대요.

❷ <u>사내</u>아이들이 한창 축구를 하고 있습니다.

3 다음 한자의 진하게 표시한 획은 몇 번째 쓰는지 〈보기〉에서 찾아 그 번호를 쓰세요.

男

보기   ① 세 번째   ② 네 번째   ③ 다섯 번째

4 다시 한번 써 보세요.

男		
사내 남		

子		
아들 자		

윗 상

上
*부수 一
총 3획 丨 ㅏ 上

上	上				
윗 상	윗 상				

우리 가족은 일출을 보러 뒷산 頂 □ 까지 올랐어요. (頂 : 정수리 정)

아파트 □ 水道 교체 공사가 한창입니다. (水 : 물 수 / 道 : 길 도)

아래 하

下
*부수 一
총 3획 一 丁 下

下	下				
아래 하	아래 하				

오늘 기온이 零 □ 로 내려가며 얼음이 얼었어요. (零 : 떨어질 영)

친구와 □ 校 길에 떡볶이를 먹기로 했어요. (校 : 학교 교)

1 다음 글의 □ 안에 있는 한자의 음(읽는 소리)을 쓰세요.

❶ 세 **上** 에는 정말 다양한 사람들이 살고 있어요.

❷ 박물관에 가기 위해 모두 지 **下** 철을 타러 갑니다.

2 다음 밑줄 친 말에 해당하는 한자를 〈보기〉에서 찾아 그 번호를 쓰세요.

> 보기   ① 下   ② 三   ③ 上   ④ 水

❶ 언니는 나보다 세 살 위인 13살입니다. _____

❷ 책상 밑에 떨어진 짝의 연필을 주워 주었습니다. _____

❸ 건물 아래에 주차장이 있습니다. _____

3 다음 한자의 진하게 표시한 획은 몇 번째 쓰는지 〈보기〉에서 찾아 그 번호를 쓰세요.

下

> 보기   ① 두 번째   ② 세 번째   ③ 네 번째

4 다시 한번 써 보세요.

上		
윗 상		

下		
아래 하		

左 *부수 工

총 5획 一 ナ 左 左 左

左	左				
왼 좌	왼 좌				

□ 右 그림 속에서 다른 부분을 찾는 다른 그림 찾기 (右 : 오른 우)

전라 □ 水使 에 임명된 이순신 장군 (水 : 물 수 / 使 : 하여금 사)

右 *부수 口

총 5획 一 ナ 右 右 右

右	右				
오른 우	오른 우				

복도에서는 □ 側 통행 (側 : 곁 측)

도로 左 □ 에는 예쁜 꽃들이 피어 있습니다. (左 : 왼 좌)

1 다음 글의 □ 안에 있는 한자의 음(읽는 소리)을 쓰세요.

① 자전거를 왼쪽으로 틀어 **左** 회전을 합니다.

② 직육면체는 상하 **左 右** 똑같이 생겼습니다.

③ 불이 나자 사람들이 **右** 왕 **左** 왕했습니다.

2 다음 밑줄 친 말에 해당하는 한자를 〈보기〉에서 찾아 그 번호를 쓰세요.

보기   ① 名   ② 左   ③ 右   ④ 友

① 왼쪽에 있는 사람이 내 단짝친구예요.

② 학교 앞에서 오른쪽으로 가면 꽃가게가 있습니다.

3 다음 한자의 진하게 표시한 획은 몇 번째 쓰는지 〈보기〉에서 찾아 그 번호를 쓰세요.

左

보기   ① 세 번째   ② 네 번째   ③ 다섯 번째

4 다시 한번 써 보세요.

左		
왼 좌		

右		
오른 우		

모방

方 *부수 方

총 4획 　丶　亠　方　方

方	方				
모방	모방				

四 □ 을 둘러보아도 바다뿐이었습니다. (四 : 넉 사)

나침반으로 □ 向 을 알 수 있습니다. (向 : 향할 향)

안내

内 *부수 入

총 4획 　丨　冂　冂　内

内	内				
안내	안내				

포장보다 □ 容 에 신경을 써야 한대요. (容 : 얼굴 용)

중앙 현관에서 室 □ 靴 로 갈아 신어요. (室 : 집 실 / 靴 : 신 화)

1 다음 글의 □ 안에 있는 한자의 음(읽는 소리)을 쓰세요.

❶ 걱정만 하지 말고 **方** 법을 찾아보자.

❷ 밖에서 보기보다 건물 **內** 부가 훨씬 화려했습니다.

2 다음 밑줄 친 말에 해당하는 한자를 〈보기〉에서 찾아 그 번호를 쓰세요.

보기　　　① 方　　　② 內　　　③ 九　　　④ 入

❶ '모난 돌이 정맞는다'는 속담은 너무 뛰어나면 남에게 미움받기 쉽다는 뜻이에요.

❷ 엄마는 집안 구석구석 청소를 시작하셨어요.

❸ 온실 안에는 신기한 식물이 정말 많았어요.

3 다음 한자의 진하게 표시한 획은 몇 번째 쓰는지 〈보기〉에서 찾아 그 번호를 쓰세요.

內

보기　　　① 두번째　　　② 세 번째　　　③ 네 번째

4 다시 한번 써 보세요.

方	
모 방	

內	
안 내	

✎ 다음 빈칸에 어울리는 한자를 보기에서 고르세요.

적들이 [　　] 으로 우리를 포위했습니다.

학교 수업을 모두 마치고 아이들이 [　　] 합니다.

각각의 사물함 문에는 아이들의 [　　] 이 적혀 있습니다.

이 만화는 [　　] 노소 모두가 좋아합니다.

✎ 그림을 보고 맞는 알맞은 한자를 보기에서 찾아 쓰세요.

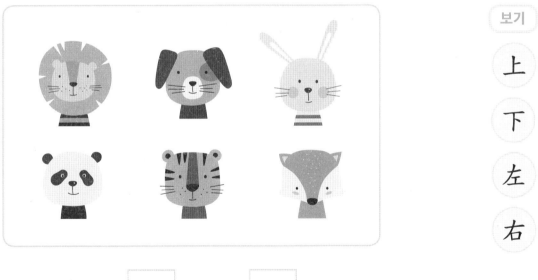

보기

上

下

左

右

판다는 호랑이의 [　　] , 사자의 [　　] 에 있어요.

토끼는 강아지의 [　　] , 여우의 [　　] 에 있어요.

✏️ 한자를 다시 한번 써 보세요.

姓		
성 성		

名		
이름 명		

男		
사내 남		

子		
아들 자		

上		
윗 상		

下		
아래 하		

左		
왼 좌		

右		
오른 우		

方		
모 방		

內		
안 내		

앞 전

前 *부수 刂

총 9획 ⠀⠀⠀丷 竹 岁 扩 扩 前 前 前

前	前				
앞 전	앞 전				

午 ☐ 9시에 수업을 시작합니다. (午 : 낮 오)

여행을 가기 위해 事 ☐ 에 꼼꼼히 계획을 세워요. (事 : 일 사)

뒤 후

後 *부수 彳

총 9획 ⠀⠀丿 彳 彳 彳 彴 徏 徉 後 後

後	後				
뒤 후	뒤 후				

나중에 ☐ 悔하지 않도록 끝까지 노력할 거예요. (悔 : 뉘우칠 회)

오늘은 午 ☐ 3시에 피아노 학원에 갑니다. (午 : 낮 오)

1 다음 글의 □ 안에 있는 한자의 음(읽는 소리)을 쓰세요.

① 며칠 **前** 길에서 만난 고양이를 오늘 다시 만났어요.

② 아버지는 자동차의 **後** 방 카메라로 뒤를 살폈어요.

2 다음 밑줄 친 말에 해당하는 한자를 〈보기〉에서 찾아 그 번호를 쓰세요.

> 보기　　①前　　②妹　　③後　　④午

① 집에 들어오면 먼저 손을 씻습니다.

② 문 앞에 택배가 와 있어요.

③ 30분 뒤에 만나기로 했습니다.

3 다음 한자의 진하게 표시한 획은 몇 번째 쓰는지 〈보기〉에서 찾아 그 번호를 쓰세요.

後

> 보기　　① 다섯 번째　　② 여섯 번째　　③ 일곱 번째

4 다시 한번 써 보세요.

前		
앞 전		

後		
뒤 후		

때 시

時

*부수 日

총 10획 丨 丨⺆ ⺆ 日 日一 日十 旷 旷 時 時

時	時				
때 시	때 시				

오늘 밤 10 ☐ 에 국가대표 축구경기가 있어요.

전화를 받음과 同 ☐ 에 전원이 끊겼어요. (同 : 한가지 동)

사이 간

間

*부수 門

총 12획 丨 ⺆ ⺆ ⺆ ⺆ ⾨ ⾨ ⾨ ⾨ 間 間 間

間	間				
사이 간	사이 간				

當分 ☐ 학원을 쉬기로 했어요. (當 : 마땅 당 / 分 : 나눌 분)

침대 밑에는 나만의 작은 空 ☐ 이 있어요. (空 : 빌 공)

1 다음 글의 □ 안에 있는 한자의 음(읽는 소리)을 쓰세요.

❶ 해뜨는 時 각에 맞춰 산을 올랐습니다.

❷ 코로나19 예방을 위해 사람들은 1미터 間 격을 유지해요.

❸ 순 間 너무 놀라 손에 든 컵을 떨어뜨렸어요.

2 다음 밑줄 친 말에 해당하는 한자를 〈보기〉에서 찾아 그 번호를 쓰세요.

보기   ① 時   ② 間   ③ 問   ④ 詩

❶ 문틈으로 밖을 살펴보았어요.

❷ 뛰어놀다 보니 밥때가 되었어요.

3 다음 한자의 진하게 표시한 획은 몇 번째 쓰는지 〈보기〉에서 찾아 그 번호를 쓰세요.

時

보기   ① 여덟 번째   ② 아홉 번째   ③ 열 번째

4 다시 한번 써 보세요.

時		
때 시		

間		
사이 간		

매양 매

每
*부수 母
총 7획 丿 𠂉 𠂉 冇 每 每 每

每	每				
매양 매	매양 매				

나는 ☐ 日 일기를 씁니다. (日 : 날 일)

☐ 年 가을이면 우리 아파트에 축제가 열립니다. (年 : 해 년)

낮 오

午
*부수 十
총 4획 丿 𠂉 二 午

午	午				
낮 오	낮 오				

正 ☐ 가 되니 점심시간을 알리는 종소리가 들립니다. (正 : 바를 정)

☐ 後 수업시간이 되면 너무 졸려요. (後 : 뒤 후)

1 다음 글의 □ 안에 있는 한자의 음(읽는 소리)을 쓰세요.

❶ 단 **午** 에는 청포물에 머리를 감는 풍습이 있었어요.

❷ 대통령이 여야 대표들과 **午** 찬을 한대요.

❸ 강아지는 나를 보면 **每** 번 꼬리를 칩니다.

2 다음 밑줄 친 말에 해당하는 한자를 〈보기〉에서 찾아 그 번호를 쓰세요.

> 보기   ① 母   ② 每   ③ 牛   ④ 午

❶ 싹을 틔운 잎이 <u>나날이</u> 커지고 있어요.

❷ 일어나자마자 <u>항상</u> 양치를 해요

❸ 햇볕이 강한 <u>낮</u>에는 외출을 삼가해 주세요.

3 다음 한자의 진하게 표시한 획은 몇 번째 쓰는지 〈보기〉에서 찾아 그 번호를 쓰세요.

每

> 보기   ① 다섯 번째   ② 여섯 번째   ③ 일곱 번째

4 다시 한번 써 보세요.

每		
매양 매		

午		
낮 오		

江 *부수 氵

총 6획 　丶 冫 氵 氵 江 江

江	江				
강 강	강 강				

아름다운 우리 [　]山 (山 : 산 산)

漢[　] 은 서울을 거쳐 서해로 흐릅니다. (漢 : 한수/한나라 한)

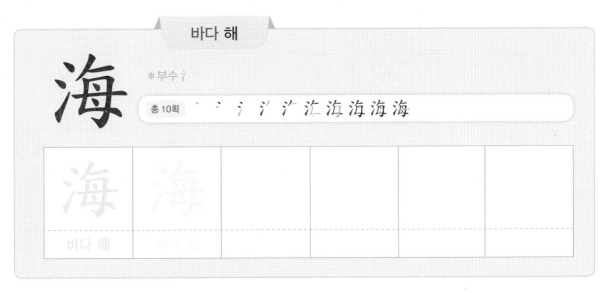

海 *부수 氵

총 10획 　丶 冫 氵 氵 汇 汇 海 海 海 海

海	海				
바다 해	바다 해				

이 제품은 [　]外에 수출중이에요. (外 : 바깥 외)

[　]洋에는 다양한 생물이 살고 있어요. (洋 : 큰바다 양)

1 다음 글의 □ 안에 있는 한자의 음(읽는 소리)을 쓰세요.

❶ 아빠는 얼큰한 **海** 물탕을 좋아하세요.

❷ 이모는 **江** 변에 있는 아파트에 살고 있어요.

2 다음 밑줄 친 말에 해당하는 한자를 〈보기〉에서 찾아 그 번호를 쓰세요.

보기   ① 海   ② 每   ③ 江   ④ 工

❶ 비가 내려 강에는 평소보다 많은 물이 흐릅니다.

❷ 할아버지 댁은 바다와 가까워요.

❸ 우리나라는 삼면이 바다입니다.

3 다음 한자의 진하게 표시한 획은 몇 번째 쓰는지 〈보기〉에서 찾아 그 번호를 쓰세요.

海

보기   ① 일곱 번째   ② 여덟 번째   ③ 아홉 번째

4 다시 한번 써 보세요.

江		
강 강		

海		
바다 해		

빌 공

空 *부수 穴

총 8획 ` ` ` 宀 宀 空 空 空

空	空				
빌 공	빌 공				

비둘기가 ☐ 中을 날아다녀요. (中 : 가운데 중)

주차 ☐ 間이 턱없이 부족해요. (間 : 사이 간)

번개 전

電 *부수 雨

총 13획 ` ` ` ` 币 雨 雨 雨 雨 雪 雪 雪 電

電	電				
번개 전	번개 전				

세탁기, 냉장고, 텔레비전은 우리집 家 ☐ 제품입니다. (家 : 집 가)

늦기 전에 엄마에게 ☐ 話를 걸어야 해요. (話 : 말씀 화)

1 다음 글의 □ 안에 있는 한자의 음(읽는 소리)을 쓰세요.

1 미세먼지 때문에 空 기가 답답해요.

2 인천 空 항은 여행객들로 북적였습니다.

3 당장 휴대폰 충 電 이 필요해요.

2 다음 밑줄 친 말에 해당하는 한자를 〈보기〉에서 찾아 그 번호를 쓰세요.

> 보기　　　① 空　　　② 雨　　　③ 工　　　④ 電

1 빈 컵에 물을 따랐어요.

2 밤에 전기가 나가면 캄캄해요.

3 번개와 천둥을 동반한 비가 내릴 예정입니다.

3 다음 한자의 진하게 표시한 획은 몇 번째 쓰는지 〈보기〉에서 찾아 그 번호를 쓰세요.

空

> 보기　　① 네 번째　　② 다섯 번째　　③ 여섯 번째

4 다시 한번 써 보세요.

空		
빌 공		

電		
번개 전		

✏️ 다음 색이 있는 부분에 해당하는 한자를 찾아 연결해 보세요.

| 같이 걷던 동생이 조금씩 뒤로 처졌어요. | • | | • 前 |

| 앞으로~ 앞으로~
지구는 둥그니까 자꾸 걸어 나가면~ | • | | • 空 |

| 가슴 한구석이 텅 비었습니다. | • | | • 間 |

| 우리집과 옆집 사이에 커다란 나무가 있습니다. | • | | • 後 |

✏️ 빈 칸에 한자의 알맞은 훈 또는 음을 써 보세요.

江　강 □

時　때 □

空　□ 공

後　□ 후

午　□ 오

每　□ 매양

✏️ 한자를 다시 한번 써 보세요.

前		
앞 전		

後		
뒤 후		

時		
때 시		

間		
사이 간		

每		
매양 매		

午		
낮 오		

江		
강 강		

海		
바다 해		

空		
빌 공		

電		
번개 전		

手

*부수 手

총 4획　丿　一　二　手

手	手				
손 수	손 수				

아이돌 歌 [　] 가 되는 게 언니의 꿈이에요. (歌 : 노래 가)

할아버지는 의자도 멋지게 만드는 木 [　] 예요. (木 : 나무 목)

足

*부수 足

총 7획　丨　口　口　尸　尸　足　足

足	足				
발 족	발 족				

게임만 하면 시간이 不 [　] 해요. (不 : 아닐 부)

동네 아저씨들이 모여 주말마다 [　] 球 를 해요. (球 : 공 구)

1 다음 글의 □ 안에 있는 한자의 음(읽는 소리)을 쓰세요.

① 같은 실 **手** 를 하지 않도록 최선을 다해야 합니다.

② 공연이 끝나자 강당에 있던 사람들이 모두 박 **手** 를 쳤어요.

③ 승자와 패자 모두가 만 **足** 하는 경기였어요.

2 다음 밑줄 친 말에 해당하는 한자를 〈보기〉에서 찾아 그 번호를 쓰세요.

> 보기   ① 足   ② 手   ③ 走   ④ 牛

① 엄마는 손재주가 좋아서 뚝딱뚝딱 뭐든 잘 만들어요.

② 하얀 눈위에 강아지 발자국만 총총 남았어요.

③ 손뼉도 마주쳐야 소리가 난다.

3 다음 한자의 진하게 표시한 획은 몇 번째 쓰는지 〈보기〉에서 찾아 그 번호를 쓰세요.

手

> 보기   ① 두 번째   ② 세 번째   ③ 네 번째

4 다시 한번 써 보세요.

手				足		
손 수				발 족		

氣 *부수 气
총 10획 ` ´ ´ 气 气 气 气 氣 氣 氣

氣	氣				
기운 기	기운 기				

日 [ ] 예보를 들으니 일주일 내내 비가 온대요. (日 : 날 일)

재밌는 얘기를 잘하는 짝꿍은 人 [ ] 가 많아요. (人 : 사람 인)

力 *부수 力
총 2획 フ 力

力	力				
힘 력(역)	힘 력(역)				

무거운 [ ] 技 를 들어올리는 운동, [ ] 道 (技 : 재주 기 / 道 : 길 도)

努 [ ] 하지 않고 좋은 결과만 바라면 안 돼요. (努 : 힘쓸 노)

1 다음 글의 □ 안에 있는 한자의 음(읽는 소리)을 쓰세요.

❶ 엄마의 칭찬에 氣 분이 좋아졌어요.

❷ 줄넘기 실 力 은 내가 최고예요.

❸ 수 力 발전은 물이 떨어지는 때 생기는 에너지

2 다음 밑줄 친 말에 해당하는 한자를 〈보기〉에서 찾아 그 번호를 쓰세요.

보기　　① 刀　　② 力　　③ 氣　　④ 旗

❶ 우리는 줄다리기에 온 힘을 다했어요.

❷ 몸살 기운이 있어 일찍 잠자리에 들었어요.

❸ 씨름은 힘쓰는 운동으로 보이지만 기술이 중요해요.

3 다음 한자의 진하게 표시한 획은 몇 번째 쓰는지 〈보기〉에서 찾아 그 번호를 쓰세요.

氣

보기　① 여섯 번째　② 일곱 번째　③ 여덟 번째

4 다시 한번 써 보세요.

氣		
기운 기		

力		
힘 력(역)		

正 *부수 止

총 5획 一 丁 丁 正 正

正	正				
바를 정	바를 정				

☐ 直 하고 예절 바른 생활을 해요. (直 : 곧을 직)

학교 ☐ 門 에서 만나기로 했어요. (門 : 문 문)

곧을 직

直 *부수 目

총 8획 一 十 广 古 古 苩 直

直	直				
곧을 직	곧을 직				

천둥소리가 난 ☐ 後 에 번쩍 하고 번개가 쳤어요. (後 : 뒤 후)

네 각이 모두 직각인 사각형을 ☐ 四角形 이라고 해요.

(四 : 넉 사 / 角 : 뿔 각 / 形 : 형상 형)

공부한 날짜 ____ 月 ____ 日

39

1 다음 글의 □ 안에 있는 한자의 음(읽는 소리)을 쓰세요.

① 이 문제의 **正** 답을 찾아 보세요.

② 사람은 두 발로 서서 걷는 **直** 립동물입니다.

2 다음 밑줄 친 말에 해당하는 한자를 〈보기〉에서 찾아 그 번호를 쓰세요.

> 보기　　　①直　　　②事　　　③正　　　④止

① 올바른 먹거리 습관이 중요해요.

② 똑바로 서 있기 힘들 만큼 기운이 없습니다.

③ 선이 곧은 직선

④ 연필을 바르게 잡는 연습을 해요.

3 다음 한자의 진하게 표시한 획은 몇 번째 쓰는지 〈보기〉에서 찾아 그 번호를 쓰세요.

直

> 보기　　①세 번째　　②네 번째　　③다섯 번째

4 다시 한번 써 보세요.

正		
바를 정		

直		
곧을 직		

스스로 자

自

＊부수 自

총 6획 ´ ⌒ 自 自 自 自

自	自				
스스로 자	스스로 자				

動門에 다지치 않게 조심해야 해요. (動 : 움직일 동 / 門 : 문 문)

然을 사랑하자! (然 : 그럴 연)

효도 효

孝

＊부수 子

총 7획 ⼀ ⼗ ⼟ 耂 考 孝 孝

孝	孝				
효도 효	효도 효				

우리 아빠는 소문난 □ 子 예요. (子 : 아들 자)

옛날에는 부모에게 不□ 하면 동네에서 쫓겨났대요. (不 : 아닐 불/부)

1 다음 글의 □ 안에 있는 한자의 음(읽는 소리)을 쓰세요.

❶ 아버지의 눈을 뜨게 하려고 스스로 쌀 삼백 석에 팔려간

孝 녀 심청

❷ 각 自 맡은 일을 열심히 해요.

❸ 범인이 죄를 自 백했습니다.

2 다음 밑줄 친 말에 해당하는 한자를 〈보기〉에서 찾아 그 번호를 쓰세요.

보기   ① 自   ② 目   ③ 者   ④ 孝

❶ 스스로 공부하는 습관을 길러야 해요.

❷ 자기에게 주어진 일은 책임지고 마무리하는 편이에요.

❸ 조선시대에는 나라에 충성하고 부모님께 효도하는 것을 중시했어요.

3 다음 한자의 진하게 표시한 획은 몇 번째 쓰는지 〈보기〉에서 찾아 그 번호를 쓰세요.

孝

보기   ① 세 번째   ② 네 번째   ③ 다섯 번째

4 다시 한번 써 보세요.

自		
스스로 자		

孝		
효도 효		

평평할 평

平

*부수 干

총 5획 一 丆 ㇇ 二 平

平	平				
평평할 평	평평할 평				

사춘기인 오빠는 매사에 엄마에게 不 ☐ 이 많습니다. (不 : 아닐 불/부)

사람은 누구나 ☐ 等하게 태어납니다. (等 : 무리 등)

아닐 불/부

不

*부수 一

총 4획 一 丆 不 不

不	不				
아닐 불/부	아닐 불/부				

숙제를 하지 않고 놀려니 엄마에게 혼날까봐 ☐ 安해요. (安 : 편안 안)

시험 중에 다른 사람 답을 훔쳐보는 건 ☐ 正한 행위에요. (正 : 바를 정)

공부한 날짜 ______月 ______日

1 다음 글의 □ 안에 있는 한자의 음(읽는 소리)을 쓰세요.

① 급식 양이 **不** 족했는지 배가 고파요.

② 드디어 전쟁이 끝나고 **平** 화가 찾아왔어요.

③ 할머니는 **平** 생 자식들만 걱정하셨어요.

2 다음 밑줄 친 말에 해당하는 한자를 〈보기〉에서 찾아 그 번호를 쓰세요.

> 보기   ① 下   ② 不   ③ 平   ④ 干

① 비탈진 곳보다 평평한 곳에서 노는 게 안전해요.

② 아니 땐 굴뚝에 연기날까.

③ 실천하지 않으면 변하는 건 없습니다.

3 다음 한자의 진하게 표시한 획은 몇 번째 쓰는지 〈보기〉에서 찾아 그 번호를 쓰세요.

平

> 보기   ① 두 번째   ② 네 번째   ③ 다섯 번째

4 다시 한번 써 보세요.

平		
평평할 평		

不		
아닐 불/부		

✎ 다음 한자의 음과 뜻을 바르게 연결하세요.

하얀 •	• 白 •	• 백
스스로 •	• 百 •	• 자
일백 •	• 自 •	

아래 •	• 平 •	• 불/부
아닐 •	• 下 •	• 하
평평한 •	• 不 •	• 평

✎ 다음 빈칸에 어울리는 한자어를 보기에서 고르세요.

물레방아는 [   ] 으로 돌아갑니다.

〈 [   ] 가 된 청개구리〉를 읽었습니다.

우리반의 급훈은 [   ] 의 생활화예요.

지호가 왜 소희의 [   ] 노릇을 하는지 이해가 되지 않아요.

보기

手足
孝子
正直
水力

✏️ 한자를 다시 한번 써 보세요.

手			足		
손 수			발 족		

氣			力		
기운 기			힘 력(역)		

正			直		
바를 정			곧을 직		

自			孝		
스스로 자			효도 효		

平			不		
평평할 평			아닐 불/부		

수레 거/차

車

*부수 車

총 7획 一 𠃊 𠮛 百 亘 亘 車

車	車				
수레 거/차	수레 거/차				

駐 ☐ 場에 차들이 빼곡히 차 있어요. (駐 : 머무를 주 / 場 : 마당 장)

自轉 ☐ 를 타고 달리면 상쾌해요. (自 : 스스로 자 / 轉 : 구를 전)

길 도

道

*부수 辶

총 13획 丶 丷 䒑 䒑 艹 首 首 首 首 首 道 道 道

道	道				
길 도	길 도				

나들이 가는 차들로 인해 ☐ 路가 꽉 막혔어요. (路 : 길 로)

한 사회에 속한 사람이 지켜야 할 마음가짐과 행동을 ☐ 德이라고 합니다.

(德 : 클 덕)

공부한 날짜 ______月 ______日

1 다음 글의 □ 안에 있는 한자의 음(읽는 소리)을 쓰세요.

❶ 경기 **道** 는 서울을 둘러싸고 있어요.

❷ 사람이 다니는 길은 인 **道** , 차가 다니는 길은 **車 道**

2 다음 밑줄 친 말에 해당하는 한자를 〈보기〉에서 찾아 그 번호를 쓰세요.

> 보기　　　① 東　　　② 車　　　③ 直　　　④ 道

❶ <u>수레</u> 가득 짐을 싣고 길을 떠났습니다.

❷ 선생님은 우리를 올바른 <u>길</u>로 끌어주세요.

❸ 오솔<u>길</u>을 걷다 보면 다람쥐, 청설모 등 작은 동물들을 만나요.

3 다음 한자의 진하게 표시한 획은 몇 번째 쓰는지 〈보기〉에서 찾아 그 번호를 쓰세요.

道

> 보기　　　① 세 번째　　　② 열 번째　　　③ 열두 번째

4 다시 한번 써 보세요.

車		
수레 거/차		

道		
길 도		

市 *부수 巾

총 5획 ` 亠 广 方 市

市	市				
저자 시	저자 시				

경찰은 ☐ 民의 안전을 위해 최선을 다합니다. (民 : 백성 민)

시골보다 都 ☐ 에 더 많은 집이 있어요. (都 : 도읍 도)

마당 장

場 *부수 土

총 12획 一 十 士 圹 圻 圹 坍 坍 垾 場 場 場

場	場				
마당 장	마당 장				

학교가 끝나면 태권도 道 ☐ 으로 가요. (道 : 길 도)

우리집은 주말 農 ☐ 에서 여러 가지 채소를 키워요. (農 : 농사 농)

1 다음 글의 □ 안에 있는 한자의 음(읽는 소리)을 쓰세요.

❶ 엄마는 마트보다 **市場** 에 더 자주 가십니다.

❷ 점심시간 운동 **場** 에는 아이들이 가득합니다.

2 다음 밑줄 친 말에 해당하는 한자를 〈보기〉에서 찾아 그 번호를 쓰세요.

> 보기   ① 場   ② 陽   ③ 市   ④ 示

❶ 시골집 <u>마당</u>에는 감나무가 심어져 있어요.

❷ 우리는 만날 <u>장소</u>를 정하지 못했어요.

❸ 왕자는 북적이는 <u>저잣거리</u>로 선뜻 나서지 못했습니다.

3 다음 한자의 진하게 표시한 획은 몇 번째 쓰는지 〈보기〉에서 찾아 그 번호를 쓰세요.

場

> 보기   ① 아홉 번째   ② 열 번째   ③ 열한 번째

4 다시 한번 써 보세요.

市		
저자 시		

場		
마당 장		

농사 농

農 *부수 辰

총 13획 ` 冂 冂 冎 冎 曲 曲 芦 芦 芦 芦 農 農 農

農	農				
농사 농	농사 농				

우리 ☐產物이 우리 몸에도 잘 맞는대요. (産 : 낳을 산 / 物 : 물건 물)

큰아버지는 시골에서 ☐事를 짓는 ☐夫입니다.

(事 : 일 사 / 夫 : 지아비 부)

장인 공

工 *부수 工

총 3획 ー 丆 工

工	工				
장인 공	장인 공				

오늘은 두부 ☐場을 견학했어요. (場 : 마당 장)

사람이 하던 일을 人☐ 지능을 갖춘 로봇들이 해내고 있습니다. (人 : 사람 인)

1 다음 글의 □ 안에 있는 한자의 음(읽는 소리)을 쓰세요.

❶ 農 번기에는 農 촌에 일손이 많이 부족합니다.

❷ 방학 동안 학교 전등 교체 工 사가 있을 예정입니다.

2 다음 밑줄 친 말에 해당하는 한자를 〈보기〉에서 찾아 그 번호를 쓰세요.

> 보기   ① 工   ② 空   ③ 農   ④ 展

❶ 장인이 한땀한땀 만든 옷이래요.

❷ 추운 지방에서는 벼농사를 짓기가 쉽지 않아요.

❸ 공업이 발달하면서 사람들의 생활도 편해졌어요.

3 다음 한자의 진하게 표시한 획은 몇 번째 쓰는지 〈보기〉에서 찾아 그 번호를 쓰세요.

農

> 보기   ① 일곱 번째   ② 여덟 번째   ③ 아홉 번째

4 다시 한번 써 보세요.

農		
농사 농		

工		
장인 공		

집 가

家 *부수 宀

총 10획 丶 丶 宀 宀 宀 宇 宇 家 家 家

家	家				
집 가	집 가				

이모의 꿈은 동화 **作** ☐ 예요. (作 : 지을 작)

우리 ☐ **族**은 매일 저녁 운동을 해요. (族 : 겨레 족)

인간 세

世 *부수 一

총 5획 一 十 卄 卄 世

世	世				
인간 세	인간 세				

온 ☐ **上**이 눈으로 하얗게 물들었어요. (上 : 윗 상)

BTS는 ☐ **界**적으로 유명한 아티스트에요. (界 : 지경 계)

1 다음 글의 □ 안에 있는 한자의 음(읽는 소리)을 쓰세요.

① 세종대왕은 후 **世** 에 한글을 남기셨습니다.

② 중학생이 된 오빠를 위해 방의 **家** 구들을 바꾸었습니다.

2 다음 밑줄 친 말에 해당하는 한자를 〈보기〉에서 찾아 그 번호를 쓰세요.

> 보기 　　　① 床　　　② 世　　　③ 住　　　④ 家

① 이번 태풍으로 많은 사람들이 집을 잃었습니다.

② 옆집에는 예쁜 아기가 있어요.

③ 우리가 사는 세상에는 남을 돕는 사람들이 많습니다.

3 다음 한자의 진하게 표시한 획은 몇 번째 쓰는지 〈보기〉에서 찾아 그 번호를 쓰세요.

世

> 보기 　　① 두 번째　　② 세 번째　　③ 네 번째

4 다시 한번 써 보세요.

家		
집 가		

世		
인간 세		

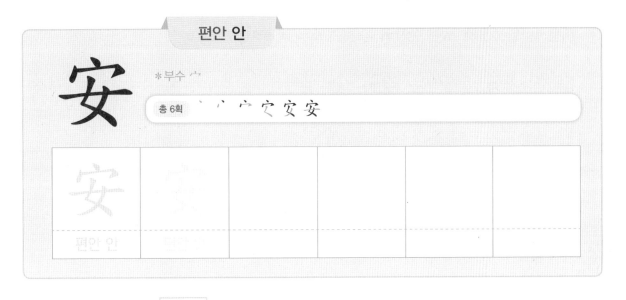

安 *부수 宀

총 6획 丶 丶 宀 宀 安 安

安	安				
편안 안	편안 안				

엄마가 옆에 있어 ☐ 心하고 잠이 들었어요. (心 : 마음 심)

오랜만에 만난 그들은 서로의 ☐ 否를 물었어요. (否 : 아닐 부)

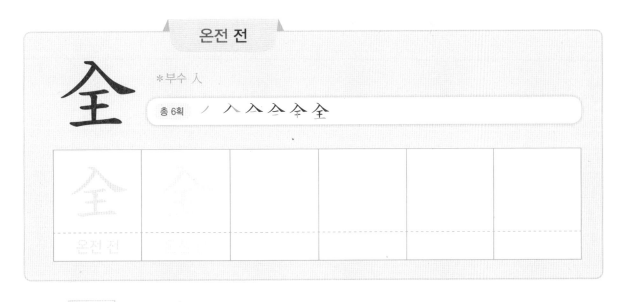

온전 전

全 *부수 入

총 6획 丿 入 入 수 수 全

全	全				
온전 전					

오늘 ☐ 國에 많은 비가 온대요. (國 : 나라 국)

부분보다 ☐ 體를 보는 눈을 가져야 한대요. (體 : 몸 체)

1 다음 글의 □ 안에 있는 한자의 음(읽는 소리)을 쓰세요.

① 자동차에 탈 때에는 **安 全** 벨트를 꼭 매어야 해요.

② 정상에 오르니 우리 마을의 **全** 경이 눈앞에 펼쳐졌어요.

2 다음 밑줄 친 말에 해당하는 한자를 〈보기〉에서 찾아 그 번호를 쓰세요.

> 보기   ① 金   ② 全   ③ 家   ④ 安

① 편안한 여행이 되시기 바랍니다.

② 우리 축구대표팀의 경기를 모든 국민이 응원해요.

③ 불에 타 버린 집에는 온전한 물건이 하나도 없었습니다.

3 다음 한자의 진하게 표시한 획은 몇 번째 쓰는지 〈보기〉에서 찾아 그 번호를 쓰세요.

全

> 보기   ① 세 번째   ② 네 번째   ③ 다섯 번째

4 다시 한번 써 보세요.

安		
편안 안		

全		
온전 전		

✎ 아기 고슴고치가 엄마를 찾아가요. 한자의 음을 제대로 읽은 길을 찾아 미로를 탈출해 보세요.

✎ 다음 한자의 훈과 음을 바르게 연결하세요.

수레 ·	· 農 ·	· 전
온전 ·	· 車 ·	· 차
농사 ·	· 安	· 안
편안 ·	· 全 ·	· 농

✎ 한자를 다시 한번 써 보세요.

車		
수레 거/차		

道		
길 도		

市		
저자 시		

場		
마당 장		

農		
농사 농		

工		
장인 공		

家		
집 가		

世		
인간 세		

安		
편안 안		

全		
온전 전		

事 *부수 亅

총 8획 一 ｢ ｢ 曱 曱 写 写 事

事					
일 사					

엄마는 [ ] [ ] 件件 내 일에 간섭해요. (件 : 물건 건)

아버지는 가끔 우리에게 신문 記 [ ] 를 읽어주십니다. (記 : 기록할 기)

物 *부수 牛

총 8획 ノ ＾ 牛 牛 牛 物 物 物

物					
물건 물					

내가 좋아하는 動 [ ] 은 토끼예요. (動 : 움직일 동)

멀리 있는 [ ] 體는 작게, 가까이 있는 [ ] 體는 크게 보입니다. (體 : 몸 체)

공부한 날짜 ____月 ____日

1 다음 글의 □ 안에 있는 한자의 음(읽는 소리)을 쓰세요.

❶ 이번 생일 선 **物** 로 자전거를 받고 싶어요.

❷ 삼촌이 교통 **事** 고로 다리를 다쳤어요.

2 다음 밑줄 친 말에 해당하는 한자를 〈보기〉에서 찾아 그 번호를 쓰세요.

> 보기   ① 勿   ② 物   ③ 事   ④ 重

❶ 오늘 할 일을 내일로 미루지 말자.

❷ 마트에는 여러 가지 물건들이 있어요.

❸ 집안일은 가족이 나누어서 해요.

3 다음 한자의 진하게 표시한 획은 몇 번째 쓰는지 〈보기〉에서 찾아 그 번호를 쓰세요.

事

> 보기   ① 다섯 번째   ② 일곱 번째   ③ 여덟 번째

4 다시 한번 써 보세요.

事		
일 사		

物		
물건 물		

살활

活 *부수 氵

총 9획 丶 丶 氵 汗 沪 沪 沪 活 活

活					
살활					

오늘은 미세먼지가 많아 바깥 ☐ 動을 못해요. (動 : 움직일 동)

生 ☐ 이 어려운 사람들을 돕고 싶어요. (生 : 날 생)

움직일 동

動 *부수 力

총 11획 丿 亇 亇 台 台 台 台 重 重 動 動

動	動				
움직일 동					

생물은 크게 ☐ 物과 식물로 나눕니다. (物 : 물건 물)

생각지도 못한 친구의 선물에 感 ☐ 받았어요. (感 : 느낄 감)

1 다음 글의 □ 안에 있는 한자의 음(읽는 소리)을 쓰세요.

① 오늘은 우리 아파트 재 **活** 용 분리수거 날입니다. ☐

② 친구들이 모두 **活** 기차게 뛰어놀아요. ☐

② 내 그림에서 마치 살아 있는 것처럼 생 **動** 감이 느껴진대요. ☐

2 다음 밑줄 친 말에 해당하는 한자를 〈보기〉에서 찾아 그 번호를 쓰세요.

> 보기　　①動　　②重　　③活　　④住

① 수족관에서 <u>살아</u> 있는 상어를 보았어요. ＿＿＿

② 아기는 <u>움직이는</u> 장난감이 신기한지 방긋 웃었어요. ＿＿＿

3 다음 한자의 진하게 표시한 획은 몇 번째 쓰는지 〈보기〉에서 찾아 그 번호를 쓰세요.

動

> 보기　　① 세 번째　　② 일곱 번째　　③ 여덟 번째

4 다시 한번 써 보세요.

活		
살 활		

動		
움직일 동		

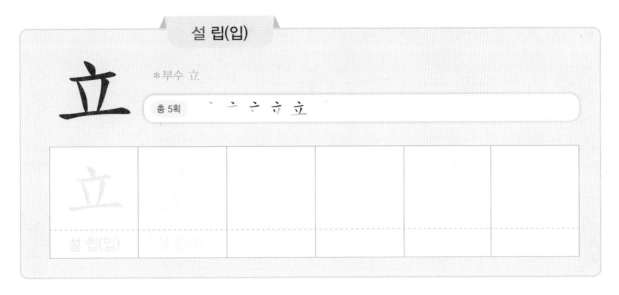

설 립(입)

立 *부수 立

총 5획 　丶　亠　亠　立　立

立					
설 립(입)					

國 [ ] 중앙 박물관에는 우리나라의 보물들이 많아요. (國 : 나라 국)

엄마 아빠가 편을 나누면 나는 中 [ ] 을 지킬 거예요. (中 : 가운데 중)

밥/먹을 식

食 *부수 食

총 9획 　ノ　𠆢　𠆢　今　今　今　食　食　食

食	食				
밥/먹을 식					

後 [ ] 으로는 아이스크림이 제일 좋아요. (後 : 뒤 후)

금강산도 [ ] 後景 (後 : 뒤 후 / 景 : 볕 경)

1 다음 글의 □ 안에 있는 한자의 음(읽는 소리)을 쓰세요.

① 우리는 食 탁에 둘러앉아 食 사를 시작했어요.

② 우리나라의 독 立 을 위해 힘쓴 위인들이 많습니다.

2 다음 밑줄 친 말에 해당하는 한자를 〈보기〉에서 찾아 그 번호를 쓰세요.

> 보기   ① 食   ② 立   ③ 工   ④ 衣

① 허수아비가 서 있는 들판이 끝없이 펼쳐졌어요.

② 나라에서 세운 대학을 국립대학이라고 합니다.

③ 친구들과 나누어 먹으려고 넉넉히 싸왔어요.

3 다음 한자의 진하게 표시한 획은 몇 번째 쓰는지 〈보기〉에서 찾아 그 번호를 쓰세요.

食

> 보기   ① 네 번째   ② 다섯 번째   ③ 일곱 번째

4 다시 한번 써 보세요.

立		
설 립(입)		

食		
밥/먹을 식		

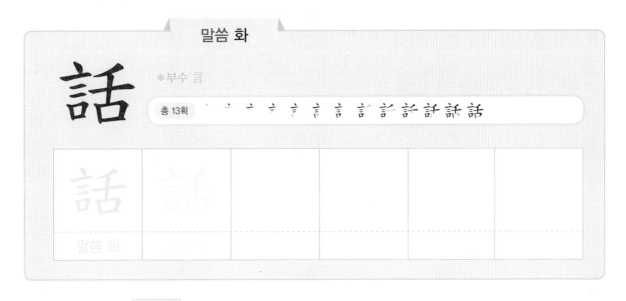

말씀 화

話 *부수 言

총 13획   ` ´ ㅗ ㅓ ㅕ 言 言 言 言 計 話 話 話

話	話				
말씀 화					

엄마에게 **電**[　] 를 걸었습니다. (電 : 번개 전)

뉴스방송 한켠에는 **手**[　] 로 내용을 알려주고 있어요. (手 : 손 수)

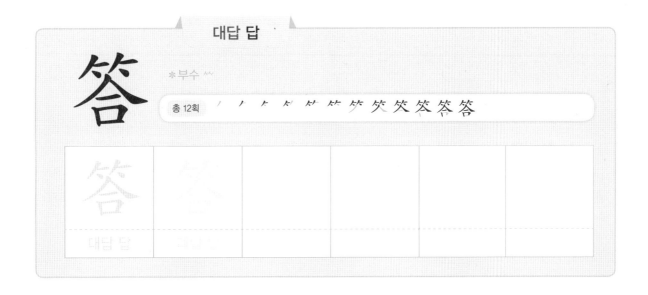

대답 답

答 *부수 ⺮

총 12획   ´ ´ ㅗ ㅏ ㅏ 竹 竹 竿 竿 竿 答 答

答					
대답 답					

부르면 **對**[　] 을 잘하는 동생이 귀여워요. (對 : 대할 대)

[　] **案紙** 는 채점할 때만 보아야 해요. (案 : 책상 안 / 紙 : 종이 지)

1 다음 글의 □ 안에 있는 한자의 음(읽는 소리)을 쓰세요.

1 공공장소에서 대 **話** 할 때는 목소리를 낮추어야 해요.

2 제비는 은혜에 보 **答** 하려는 듯 박씨를 물어왔습니다.

3 요즘 우리 학교에서는 곧 있을 현장체험학습이 최고의 **話** 제입니다.

2 다음 밑줄 친 말에 해당하는 한자를 〈보기〉에서 찾아 그 번호를 쓰세요.

> 보기　　　① 話　　　② 活　　　③ 登　　　④ 答

1 선생님의 질문에 아무도 대답하지 못했어요.

2 엄마는 이웃집 아주머니와 말씀을 나누고 계세요.

3 다음 한자의 진하게 표시한 획은 몇 번째 쓰는지 〈보기〉에서 찾아 그 번호를 쓰세요.

答

> 보기　　① 다섯 번째　　② 여섯 번째　　③ 일곱 번째

4 다시 한번 써 보세요.

話		
말씀 화		

答		
대답 답		

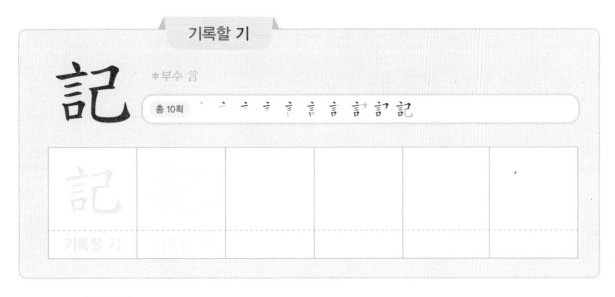

記 *부수 言

총 10획 　記記

記
기록할 기

매일 日 [　] 를 쓰면 글쓰기 능력이 좋아져요. (日 : 날 일)

삼촌은 방송국 [　] 者입니다. (者 : 놈 자)

漢 *부수 氵

총 14획 　漢漢

漢
한수/한나라 한

우리는 지금 [　] 字를 공부하고 있어요. (字 : 글자 자)

주말에 [　] 江 시민공원에 다녀왔어요. (江 : 강 강)

공부한 날짜 ＿＿＿ 月 ＿＿＿ 日

1 다음 글의 □ 안에 있는 한자의 음(읽는 소리)을 쓰세요.

① 조선의 수도는 漢 양입니다.

② 친구들과 한 파자마 파티는 오랫동안 記 억에 남을 거예요.

③ 이번 올림픽에서는 종목마다 세계 신 記 록이 쏟아져 나왔어요.

2 다음 밑줄 친 말에 해당하는 한자를 〈보기〉에서 찾아 그 번호를 쓰세요.

> 보기   ① 韓   ② 漢   ③ 記   ④ 話

① 옛날 중국의 한나라가 멸망하고 진나라가 등장했어요.

② 중요한 내용을 기록하는 것은 좋은 습관이에요.

③ 중국 본토에서 예전부터 살아온 종족을 한족이라고 해요.

3 다음 한자의 진하게 표시한 획은 몇 번째 쓰는지 〈보기〉에서 찾아 그 번호를 쓰세요.

漢

> 보기   ① 다섯 번째   ② 여섯 번째   ③ 일곱 번째

4 다시 한번 써 보세요.

記		
기록할 기		

漢		
한수/한나라 한		

✏ 사다리를 타고 내려가 한자의 훈과 음을 써 보세요.

☐ ☐ ☐ ☐ ☐

✏ 그림에 어울리는 한자를 찾아 연결하세요.

   · 立 ·

· 話 ·

   · 食 ·

· 記 ·

✏️ 한자를 다시 한번 써 보세요.

事		
일 사		

物		
물건 물		

活		
살 활		

動		
움직일 동		

食		
밥/먹을 식		

立		
설 립(입)		

話		
말씀 화		

答		
대답 답		

記		
기록할 기		

漢		
한수/한나라 한		

✏️ 모양이 비슷한 한자들을 구분하여 읽고 따라 써 보세요.

工			
장인 공			

江			
강 강			

空			
빌 공			

全			
온전 전			

金			
쇠 금/성씨 김			

母			
어머니 모			

每			
매양 매			

海			
바다 해			

車			
수레 거/차			

軍			
군사 군			

음이 둘 이상인 한자들을 구분하여 읽고 따라 써 보세요.

車	人	力	車	人	力	車
	사람 인	힘 력	수레 거			
	車	內	車	內		
	수레 차	안 내				

金	年	金	年	金		
	해 년(연)	쇠 금				
	金	氏	金	氏		
	성씨 김	성씨 씨				

不	不	安	不	安		
	아닐 불	편안 안				
	不	正	不	正		
	아닐 부	바를 정				

＊不은 ㄷ, ㅈ 앞에 올 때 '부'로 읽어요.

✏️ 다음 반대의 뜻을 가진 한자들을 읽고 따라 써 보세요.

上				下		
윗 상				아래 하		

左				右		
왼 좌				오른 우		

先				後		
먼저 선				뒤 후		

前				後		
앞 전				뒤 후		

內				外		
안 내				바깥 외		

男				女		
사내 남				여자 녀(여)		

江				山		
강 강				메/산 산		

山				海		
메/산 산				바다 해		

手				足		
손 수				발 족		

✏️ 다음 비슷한 뜻을 가진 한자들을 읽고 따라 써 보세요.

家				室		
집 가				집 실		

方				道		
모 방				길 도		

正				直		
바를 정				곧을 직		

生				出		
날 생				날 출		

平				安		
평평할 평				편안 안		

安				全		
편안 안				온전 전		

✏️ 두음법칙(단어의 첫머리에서 다른 소리로 발음되는 일)의 적용을 받는 한자들입니다. 읽고 따라 써 보세요.

女	男 사내 남	女 여자 녀			
	女 여자 여	人 사람 인			

年	十 열 십	年 해 년			
	年 해 연	金 쇠 금/성씨 김			

力	國 나라 국	力 힘 력			
	力 힘 역	道 길 도			

立	自 스스로 자	立 설 립			
	立 설 입	場 마당 장			

✏️ 다음 사자성어를 읽고 따라 써 보세요.

四	方	八	方	여기저기 모든 방향이나 방면
넉 사	모 방	여덟 팔	모 방	

四	方	八	方	四	方	八	方
넉 사	모 방	여덟 팔	모 방	사	방	팔	방

上	下	左	右	위, 아래, 왼쪽, 오른쪽을 아울러 이르는 말로 모든 방향을 가르킴
윗 상	아래 하	왼 좌	오른 우	

上	下	左	右	上	下	左	右
윗 상	아래 하	왼 좌	오른 우	상	하	좌	우

南	男	北	女	우리나라에서, 남자는 남쪽 지방 사람이 잘나고, 여자는 북쪽 지방 사람이 아름답다고 전해 내려 오는 말
남녘 남	사내 남	북녘 북	여자 녀(여)	

南	男	北	女	南	男	北	女
남녘 남	사내 남	북녘 북	여자 녀(여)	남	남	북	녀

四	海	兄	弟	사방이 형제라고 풀이되며 마음과 뜻을 같이 하면 누구나 형제처럼 지낼 수 있다는 말
넉 사	바다 해	형 형	아우 제	

四	海	兄	弟	四	海	兄	弟
넉 사	바다 해	형 형	아우 제	사	해	형	제

世	上	萬	事	세상에서 일어나는 모든 일
인간 세	윗 상	일만 만	일 사	

人	山	人	海	사람으로 산과 바다를 이룰 만큼 사람이 많이 모인 상태를 이르는 말
사람 인	메/산 산	사람 인	바다 해	

土	木	工	事	땅과 하천 따위를 고쳐 만드는 공사
흙 토	나무 목	장인 공	일 사	

八	道	江	山	팔도의 강산이라는 뜻으로, 우리나라 전체의 강산을 이르는 말
여덟 팔	길 도	강 강	메/산 산	

父	父	子	子	아버지는 아버지 노릇을 하고, 아들은 아들 노릇을 함			
아버지 부	아버지 부	아들 자	아들 자				
父	父	子	子	父	父	子	子
아버지 부	아버지 부	아들 자	아들 자	부	부	자	자

足	不	足	間	넉넉하여 모자람이 없든지 모자라든지 간에			
발 족	아닐 부	발 족	사이 간				
足	不	足	間	足	不	足	間
발 족	아닐 부	발 족	사이 간	족	부	족	간

P 12

1 ❶ 명 ❷ 성 ❸ 명

2 ❶ ③ ❷ ①

3 ③

P 14

1 ❶ 남 ❷ 자 ❸ 자

2 ❶ ① ❷ ④

3 ②

P 16

1 ❶ 상 ❷ 하

2 ❶ ③ ❷ ① ❸ ①

3 ①

P 18

1 ❶ 좌 ❷ 좌, 우 ❸ 우, 좌

2 ❶ ② ❷ ③

3 ②

P 20

1 ❶ 방 ❷ 내

2 ❶ ① ❷ ② ❸ ②

3 ②

P 21

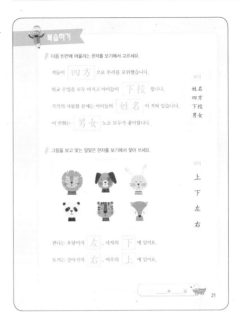

P 24

1 ❶ 전 ❷ 후

2 ❶ ① ❷ ① ❸ ③

3 ②

P 26

1 ❶ 시 ❷ 간 ❸ 간

2 ❶ ② ❷ ①

3 ③

P 28

1 ❶ 오 ❷ 오 ❸ 매

2 ❶ ② ❷ ② ❸ ④

3 ②

P 30

1 ❶ 해 ❷ 강

2 ❶ ③ ❷ ① ❸ ①

3 ①

P 32

1 ❶ 공 ❷ 공 ❸ 전

2 ❶ ① ❷ ④ ❸ ④

3 ②

P 33

P 36

1 ❶ 수 ❷ 수 ❸ 족

2 ❶ ② ❷ ① ❸ ②

3 ②

P 38

1 ❶ 기 ❷ 력 ❸ 력

2 ❶ ② ❷ ③ ❸ ②

3 ③

P 40

1 ❶ 정 ❷ 직

2 ❶ ③ ❷ ① ❸ ① ❹ ③

3 ③

P 42

1 ❶ 효 ❷ 자 ❸ 자

2 ❶ ① ❷ ① ❸ ④

3 ②

P 44

1 ❶ 부 ❷ 평 ❸ 평

2 ❶ ③ ❷ ② ❸ ②

3 ②

P 45

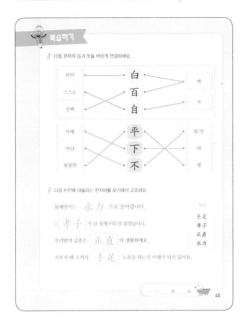

P 48

1 ① 도 ② 도, 차, 도

2 ① ② ② ④ ③ ④

3 ③

P 50

1 ① 시, 장 ② 장

2 ① ① ② ① ③ ③

3 ③

P 52

1 ① 농, 농 ② 공

2 ① ① ② ③ ③ ①

3 ②

P 54

1 ① 세 ② 가

2 ① ④ ② ④ ③ ②

3 ③

P 56

1 ① 안, 전 ② 전

2 ① ④ ② ② ③ ②

3 ③

P 57

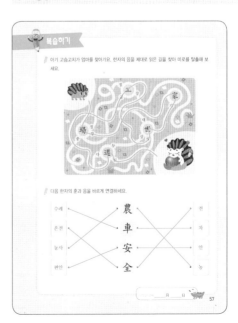

P 60

1 ❶ 물 ❷ 사

2 ❶ ③ ❷ ② ❸ ③

3 ③

P 62

1 ❶ 활 ❷ 활 ❸ 동

2 ❶ ③ ❷ ①

3 ③

P 64

1 ❶ 식, 식 ❷ 립

2 ❶ ② ❷ ② ❸ ①

3 ③

P 66

1 ❶ 화 ❷ 답 ❸ 화

2 ❶ ④ ❷ ①

3 ②

P 68

1 ❶ 한 ❷ 기 ❸ 기

2 ❶ ② ❷ ③ ❸ ②

3 ③

P 69

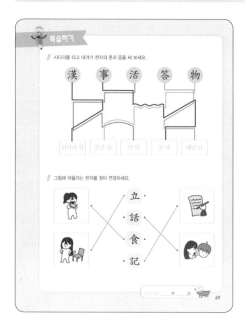

教	校	九	國	軍	金	南	女	年	大
가르칠 교	학교 교	아홉 구	나라 국	군사 군	쇠 금/성씨 김	남녘 남	여자 녀(여)	해 년(연)	큰 대
東	六	萬	母	木	門	民	白	父	北
동녘 동	여섯 륙(육)	일만 만	어머니 모	나무 목	문 문	백성 민	흰 백	아버지 부	북녘 북
四	山	三	生	西	先	小	水	室	十
넉 사	산 산	석 삼	날 생	서녘 서	먼저 선	작을 소	물 수	집 실	열 십
五	王	外	月	二	人	一	日	長	弟
다섯 오	임금 왕	바깥 외	달 월	두 이	사람 인	한 일	날 일	긴 장	아우 제
中	靑	寸	七	土	八	學	韓	兄	火
가운데 중	푸를 청	마디 촌	일곱 칠	흙 토	여덟 팔	배울 학	한국/나라 한	형 형	불 화

歌	口	旗	冬	洞	同	登	來	老	里
노래 가	입 구	기 기	겨울 동	골 동/밝을 통	한가지 동	오를 등	올 래(내)	늙을 로(노)	마을 리
林	面	命	文	問	百	夫	算	色	夕
수풀 림(임)	낮 면	목숨 명	글월 문	물을 문	일백 백	지아비 부	셈 산	빛 색	저녁 석
所	少	數	植	心	語	然	有	育	邑
바 소	적을 소	셈 수	심을 식	마음 심	말씀 어	그럴 연	있을 유	기를 육	고을 읍
入	字	祖	住	主	重	地	紙	川	千
들 입	글자 자	할아버지 조	살 주	주인/임금 주	무거울 중	땅 지	종이 지	내 천	일천 천
天	草	村	秋	春	出	便	夏	花	休
하늘 천	풀 초	마을 촌	가을 추	봄 춘	날 출	편할 편/똥오줌 변	여름 하	꽃 화	쉴 휴